ECLAIRCISSEMENT

SUR LA DENONCIATION

FAITE A N. S. P. LE PAPE

DES

NOUVEAUX MEMOIRES

DE LA CHINE,

Composez par le Pere Louis le Comte, de la Compagnie de Jesus, Confesseur de Madame la Duchesse de Bourgogne.

M. D C C.

ECLAIRCISSEMENT
SUR LA DENONCIATION
FAITE A N. S. P. LE PAPE
DES
NOUVEAUX MEMOIRES
DE LA CHINE,

Composez par le Pere Louis le Comte, de la Compagnie de Jesus, Confesseur de Madame la Duchesse de Bourgogne.

IL y a quatre ans que je donnay au public les nouveaux Memoires de la Chine. J'eus l'honneur de les presenter au Roy, aux Evêques, à toute la Cour ; & ce Livre fut si bien reçû, qu'on en a fait sept éditions, & qu'il a été traduit en plusieurs langues de l'Europe ; ceux qui l'attaquent aujourd'huy, en ont eux-mêmes souvent parlé avec éloge, & peut-être qu'ils auroient toûjours continué à l'estimer, sans les nouvelles querelles qu'ils ont depuis quelque temps excitées à Rome, pour soûtenir le party de quelques Missionnaires Dominicains contre les Jesuites. Je crois que ce changement de conduite est un effet de zele : mais je ne puis comprendre comment ce zele, qui ne leur a jamais manqué, les a si longtemps laissez tranquilles sur des choses, qui, à les entendre parler aujourd'huy, sont si criantes, qu'il suffit de les lire pour en appercevoir la malignité ; c'est-là un mystere qu'ils nous développeront quand il leur plaira.

Voicy donc les Propositions qu'ils prétendent avoir extraites de mon Livre, & qu'ils ont ensuite dénoncées comme des erreurs en matiere de foy, capables de renverser les fondemens de la Religion Chrétienne.

Première Proposition.

„ La Chine a conservé durant plus de „deux mille ans, avant la naissance de „Jesus Christ, la connoissance du „vray Dieu.

SECONDE PROPOSITION.

Elle a eû la gloire de luy sacrifier dans le plus ancien Temple de l'Univers. ""

TROISIE'ME PROPOSITION.

Elle l'a honoré d'une maniere qui peut servir d'exemple même aux Chrétiens. ""

QUATRIE'ME PROPOSITION.

Elle a pratiqué une Morale aussi pure que la Religion. ""

CINQUIE'ME PROPOSITION.

Elle a eû la Foy, l'humilité, le Culte interieur & exterieur, le Sacerdoce, les Sacrifices, la Sainteté, les Miracles, l'Esprit de Dieu, & la plus pure charité, qui est le caractere & la perfection même de la veritable Religion. ""

SIXIE'ME PROPOSITON.

En sorte que de toutes les Nations du monde, celle de la Chine a été la plus constamment favorisée des graces de Dieu. ""

ECLAIRCISSEMENT GENERAL.

QUITTANT la Cour comme je fais, avec la permission du Roy, pour aller encore prêcher la Foy à la Chine, je ne dois pas souffrir qu'on persuade à personne en Europe, que j'aye voulu rien avancer qui renversât les fondemens de cette même Foy, & qui en détruisist jusqu'au plan, comme s'expriment Messieurs du Seminaire des Missions étrangeres. Selon eux, ce plan consiste dans la distinction des deux peuples, le Juif & le Gentil, dont l'un a eû la connoissance du vray Dieu, & l'autre ne l'a pas eûë. Je n'examine pas icy, si c'est parler juste que de reduire à cette distinction le plan de la Religion Chrétienne ; mais je crois qu'ils trouveront bon, que répondant aux reproches qu'ils me font de le détruire, je m'arrête à celuy que S. Augustin en a tracé. Ce S. Docteur nous apprend que toute l'œconomie de la Religion Chrétienne, se raporte particulierement à deux chefs, dont l'un regarde la chute du premier Homme, & l'autre regarde la Redemption du genre humain par JESUS-CHRIST. Ce que nous devons croire de la distinction du Peuple Juif & du Peuple Gentil, n'est assurément qu'une suite des veritez contenuës dans ces deux articles. Pour me justifier donc auprés du public, au Tribunal duquel il semble qu'on m'ait cité en faisant paroître la Lettre qu'on a adressée au Pape, je dois déclarer ce que je pense, par rapport à ces deux points, & montrer ensuite que les propositions dénoncées au Saint Siege, comme extraites de mes Memoires de la Chine, n'y sont nullement contraires.

1. J'ay toûjours crû, graces à Dieu, que pour remedier à la chute du genre humain, il falloit un Redempteur, qui estant Dieu & Homme, reconciliât le Ciel & la Terre en sa Personne, comme parle l'Apôtre, & qui par consequent il n'y a point d'autre nom sous le Ciel par lequel nous puissions être sauvez, que celuy de JESUS-CHRIST. C'est ce saint

Nom que j'ay déja eu l'avantage de
porter jusqu'aux extremitez de la terre, & que j'espere, y porter encore.
Heureux si marchant sur les pas de mes
Freres, & de tant d'autres zelez Missionnaires de divers Ordres, je puis au
prix de mon sang le faire adorer.

2. Je ne suis pas moins convaincu
que nul Adulte ne peut, & n'a jamais
pû être sauvé, sans croire en Jesus-
Christ; mais je distingue avec tous
les Theologiens deux sortes de creances
en Jesus-Christ, l'une implicite &
moins dévelopée, l'autre explicite &
plus distincte. Depuis la publication
de l'Evangile, pour le Salut, il faut une
creance en Jesus-Christ plus distincte: avant la Loy de Grace une foy implicite en Jesus-Christ suffisoit. Dans
les Juifs qui vivoient sous la Loy écrite,
elle aprochoit plus de celle qui se trouve dans les Chrétiens; Ceux qui ont vécu sous la Loy de Nature, n'en avoient
qu'une fort implicite. Mais outre la Foy
en Jesus-Christ, j'ay toûjours crû
qu'on ne pouvoit se sauver sans garder
les deux parties de la justice, qui selon

V. S. Th.
2.2 q. 5
Art. 7.

l'Ecriture, consistent à pratiquer le bien & à éviter le mal ; & qu'on ne pouvoit garder ni l'une ni l'autre, sans la grace de JESUS CHRIST, qui nous les fait connoître, & qui nous les fait aimer.

3. J'AY encore regardé comme un article constant, que Dieu veut sauver tous les hommes ; que JESUS-CHRIST est mort pour leur salut ; que c'est une heresie de croire qu'il n'est mort que pour les predestinez ; que la Providence fournit à tous des moyens suffisans pour se sauver, & que si quelqu'un des Adultes se perd, il sera contraint d'avoüer au jour du Jugement à la face du Ciel & de la terre, que sa perte est l'ouvrage de sa malice.

4. ENFIN j'ay toûjours été persuadé, qu'encore que Dieu veüille sincerement le salut de tous les hommes, neanmoins il ne leur donne pas également à tous les graces que JESUS-CHRIST a meritées par son Sang. Il est le maître de ses dons, & il les distribuë sans prendre conseil de personne. Ce qu'il fait tous les jours à l'égard des particuliers, il le fait à l'égard des peu-

ples. Il est de la Foy qu'avant la naif-
fance du Sauveur, les Juifs étoient le
peuple favori, témoin la Loy qu'il leur
a donnée, les promeffes qu'il leur a
faites, les Prophêtes qu'il leur a en-
voyez, le Meffie qu'il a fait naître parmi eux, & ce grand nombre de miracles qu'il a operez en leur faveur. Mais
la préference qu'il leur a donnée, ne
porte pas neceffairement avec foy l'ex-
clufion du falut à l'égard des autres peuples : l'Ecriture, la Tradition, & la
Theologie ne nous obligent nullement
de le dire. Car lorfque Dieu commen-
ça à faire la diftinction des deux peuples
par la vocation d'Abraham, Melchi-
fedech étoit Prêtre du Dieu très-haut,
il faifoit les fonctions de fon Sacerdoce, & il adoroit fans doute le véritable
Dieu en efprit & en verité. D'ailleurs
il étoit Roy, & il n'y a nulle apparence
que le Dieu, à qui il offroit des facrifi-
ces publics, ne fût pas à fon exemple
adoré par fes Sujets.

Dieu, quelques fiécles après, fepa-
rant entiérement la nation Juive des
autres nations, par la Loy que Moyfe

lui donna de sa part, ne rejetta pas en-
tierement les peuples, qu'il ne traitoit
pas si favorablement. Comme il ne
prétendit point les obliger à la Loy écrite, il les laissa à peu-près à l'égard du
salut, dans le même état qu'ils étoient
sous la Loy de Nature. Il n'en est pas
de même de la Loy Chrétienne, en
même tems qu'elle encherit sur celle de
Moyse, elle la rend insuffisante pour le
salut, aussi bien que la Loy de Nature. En un mot, il faut maintenant être
Chrétien pour se sauver ; toutes les
voyes du salut se reduisent là.

QUAND j'ay parlé de l'ancienne
Religion des Chinois, je l'ay toûjours
fait en Historien, qui raporte ce que les
anciens Livres de ces peuples nous en
ont laissé : Et je n'ay jamais prétendu
que le public donnât à mon Livre plus
de croyance que n'en merite l'Histoire
même de la Chine. C'est au Lecteur à
juger ce qu'il en doit croire sur la foy
des memoires, que l'antiquité nous a
laissez. Cette seule reflexion devroit
suffire pour calmer les esprits, qui se
sont allarmez d'eux-mêmes, ou aus-

quels on a crû pouvoir donner l'allarme.

6. J'ay fur tout parlé de la Religion des Sçavans de la Chine ; car
quoyqu'il y ait bien de l'apparence que
le peuple dans le commencement de la
Monarchie Chinoife a fuivi, du moins
en partie, les fentimens de fes Docteurs;
nous ne voyons pourtant pas qu'il en
ait fait la régle de fes mœurs par raport
au falut, mais feulement par raport au
Gouvernement politique, & au bon-
heur qu'ils efperoient en ce monde.
Bien des Juifs plus éclairez & plus in-
ftruits que les Chinois, ne faifoient
guére un meilleur ufage de la Loy, à
l'écorce de laquelle ils s'attachoient.

7. Quoyqu'il en foit de la créance
des anciens Chinois, je n'ay jamais prétendu qu'ils puffent fe fauver, ni qu'ils
fe foient en effet fauvez fans une connoiffance ou diftincte, ou du moins implicite du Meffie. S'ils ont eû cette connoiffance ou non, qui peut le dire cer-
tainement ? Ce fera, fi l'on veut, une
temerité d'affûrer qu'aucun d'eux ait
été pofitivement dans la voye du falut.
Mais ce ne feroit pas une moindre té-

merité d'aſſûrer, que depuis leur premier Empereur, qui n'a pas vécu fort
long-tems après Noé, juſqu'au tems de
la Loy écrite, il n'y ait eû aucun des
Chinois qui n'ait été damné? C'eſt un
ſecret impenetrable de la Providence
Divine, qu'il ne nous eſt pas permis
d'aprofondir. Il eſt ſeulement certain,
que tous les Chinois ont été obligez de
connoître le vray Dieu, de l'honorer,
de garder la Loy naturelle; & pour cela
quelques graces ſuffiſantes ou prochai-
nes, ou éloignées. Il eſt encore certain que ceux qui l'ont connu, & qui
ont été ſauvez, ſi en effet il y en a eû de
ſauvez, l'ont tous été en vertu des me-
rites de JESUS CHRIST.

8. Quoy qu'on trouve proprement
l'Idolâtrie bien établie à la Chine, que
pluſieurs ſiecles après Confucius; il eſt
certain neanmoins, que la Magie &
pluſieurs autres erreurs, avoient gâté
pluſieurs eſprits du tems même de ce
Philoſophe; il ſe peut même faire, que
long-tems devant, il y eut parmi le
peuple & en certaines Provinces, des
Idoles, & un culte ſuperſtitieux. Mais

outre qu'on ne peut l'assûrer sur des preuves tirées de l'Histoire, il paroît du moins que les Sçavans, toûjours attachez à l'ancienne doctrine de leurs Peres, n'y avoient point de part.

9. Quoyque la connoissance du vray Dieu ait continué près de deux mille ans à la Chine, il ne faut pas croire que cette connoissance ait été aussi parfaite que celle des Juifs, & beaucoup moins encore que celle des Chrétiens. La Revelation, la Loy écrite, les Propheties, nous ont donné des connoissances si vives & si distinctes, qu'on peut dire qu'en comparaison de nous, les autres peuples n'ont eû qu'une foible lumiere, que la corruption des mœurs & les erreurs de l'esprit ont infiniment diminuée, excepté en quelques personnes, à qui Dieu a voulu se communiquer plus particuliérement. Job, Melchisedech, & plusieurs autres, qui n'étoient pas Juifs, nous persuadent que la Providence a pû avoir des serviteurs & des adorateurs, qui n'étoient point de ce Peuple choisi, & qui étoient neanmoins de vrays Israëlites en esprit.

ECLAIR-

ECLAIRCISSEMENT
PARTICULIER.

Tome 2
p 144

PREMIERE PROPOSITION. *La Chine a conservé durant plus de deux mille ans avant la naiſſance de Jeſus-Chriſt, la connoiſſance du vray Dieu.* Je ne parle-là que des Empereurs. Aprés avoir rapporté divers endroits de l'Hiſtoire de la Chine, qui marque leur pieté & leur reſpect pour le Seigneur du Ciel, juſqu'au Regne d'Ycouvant, qui vivoit huit cens ans avant la naiſſance de Jesus-Christ ; je conclus que ce peuple avoit conſervé la connoiſſance de Dieu plus de deux mille ans. Ceux qui entendent nôtre Langue, ſçavent aſſez que cette expreſſion, *le peuple*, marque en cet endroit, *la Nation*, & non pas le petit peuple; ainſi quand il y auroit eû de l'Idolatrie parmi les Chinois depuis le commencement de l'Empire, juſqu'au temps où nous vivons; ſi les Empereurs & le plus grand nombre des Sçavans ont reconnu le vray Dieu, on peut & on doit dire, que la Nation Chinoise a conservé la connoissance du vray Dieu durant tout ce temps-là, & c'est un trop grand scrupule de trouver à redire à cette expression.

Ne seroit-il pas au contraire bien plus dangereux de condamner ce qu'on reprend ici dans mon Livre, en disant, que les anciens Chinois, comme ceux d'apresent, étoient Athées. Car les libertins ne tireroient-ils pas avantage de l'aveu qu'on leur feroit, que dans un Empire si vaste, si ancien, si éclairé, établi si solidement, & si florissant, soit par la multitude de ses Habitans, soit par l'invention de presque tous les Arts, on n'auroit jamais reconnu de Divinité. Que deviendroient donc les raisonnemens que les saints Peres, en prouvant l'existence de Dieu, ont tiré du consentement de tous les Peuples, ausquels ils pretendent que la nature en a imprimé si profondément l'idée, que

rien ne la peut effacer ? Et fur tout,
pourquoy fe feroient-ils donné la peine de ramaffer avec tant de foin, tous
les témoignages qu'ils ont pû trouver
dans les Livres des Philofophes Gentils, pour établir cette verité, s'ils
n'avoient crû qu'il étoit tres-impor-
tant d'en ufer de la forte, pour ame-
ner plus facilement les Peuples à la
Religion Chretienne.

SECONDE PROPOSITION. *La Chi-*
ne a eû la gloire de facrifier au vray
Dieu dans le plus ancien Temple de
l'Univers. Si l'on fupofe la verité de
l'Hiftoire Chinoife, *Hoam ty* III. Empereur, bâtit un Temple au *Souve-*
rain Maître du Ciel, & il lui offrit
des Victimes. Il vivoit peu de tems
après le Déluge, & pouvoit être con-
temporain de *Sem*, ~~un des~~ des
petits enfans de Noé. Ce Temple étoit
donc plus ancien que celui des Juifs,
& que tous ceux dont l'Hiftoire Sa-
crée ou Profane nous ait jamais parlé.
On n'oblige perfonne à ajoûter foy
aux Hiftoires des Chinois : mais fi on
les veut croire, il faut bien avoüer que

Tome 2.
p 135.

la Chine a sacrifié au vray Dieu dans
le plus ancien Temple de l'Univers,
& je ne comprends pas qu'il ait pû
venir dans l'esprit d'un Theologien,
de déferer cette proposition comme
une erreur. Car enfin, qu'y a-t-il icy
qui blesse la Foi ou les bonnes mœurs?
C'est un point qu'on peut croire ou
qu'on peut abandonner. Mais asseuré-
ment ce ne fut jamais une chose contraire à la pieté Chrétienne de s'y ar-
rêter, beaucoup moins de le rapporter
dans une Histoire.

Au reste, si les Jesuites se sont ap-
pliquez à trouver dans l'Histoire de la
Chine des traces de la Religion dont
Noé faisoit profession, & dans laquelle on ne peut raisonnablement douter
qu'il n'ait élevé ses enfans, ne devroit-
on pas plûtôt leur en sçavoir gré que
de leur en faire un crime? à Saint Paul
n'a-t-il pas tâché de tirer des Livres
des Payens, & du sein même de l'Idolatrie, des lumieres dont il pût se servir pour en dissiper les tenebres: & les
saints Peres à son exemple ne l'ont-ils
pas fait aussi? Quand ils font des ser-

mens, (dit Lactance parlant des
Payens) qu'ils forment des vœux, ou
qu'ils rendent grace, ce n'eſt point à
leur Jupiter qu'ils s'addreſſent, ny à
aucune autre de leurs biſarres divinitez, ils ne prononcent que le Nom de
Dieu, la nature malgré eux faiſant
ſortir la verité du fond de leurs cœurs.

Je ne dois pas omettre une choſe, qui
ſeule pourroit faire ma juſtification.
Sçavoir qu'Euſebe pour combattre les
Superſtitions du Paganiſme, par le
témoignage des Payens mêmes, rap-
porte un extrait fort long de Barde-
zanes, où cet Auteur dit, que, chez
les Indiens & les Bactres il y a pluſieurs milliers d'hommes, qui ſelon
la tradition de leurs Ancêtres & de
leur Loy, n'ont point d'Idoles, n'u-
ſent ni de viande, ni de vin, ni d'aucune autre liqueur ſemblable, ſont
uniquement occupez à honorer Dieu,
& vivent dans une grande pureté
mœurs. Comment Euſebe ne s'eſt-il
point aperçû du poiſon contenu dans
ces peroles ? Car enfin il y en a, ſi les
miennes en ont autant qu'on le veut

faire croire ? Devoit-il ainsi, pour établir les veritez de nôtre Religion, rapporter un passage capable d'en détruire le plan ?

T R O I S I E'M E P R O P O S I T I O N. *La Chine a honoré Dieu d'une maniere qui peut servir d'exemple même aux Chrétiens.* Dans la proposition qu'on raporte il ne falloit rien retrancher : Je dis que *la Chine a honoré Dieu d'une maniere qui peut servir d'exemple & d'instruction aux Chrétiens.* Quand j'aurois parlé des Idolatres & que j'aurois dit que les Bonzes de Siam ont une modestie & un air de dévotion dans leurs Temples qui peut servir d'instruction aux Chrétiens, Quand aprés avoir rapporté le respect que les Turcs font paroître dans leurs Mosquées pour la Majesté divine, j'ajoûterois que ce sont-là des exemples & des instructions pour les Chrétiens, je ne crois pas qu'on pût condamner cette expression. Combien de fois a-t-on entendu dire aux Predicateurs sans qu'on s'en scandalisât, qu'il est honteux que les Chrétiens se com-

portent si souvent dans nos Egiises
d'une maniere immodeste tandis que
les Païens honorent si respectueuse-
ment leurs fausses divinitez. Ce qu'on
me reproche est-il bien different de
cela ? Mais s'il est vray, comme l'histoire de la Chine le rapporte, que
quelques-uns de ses Empereurs ou de
ses Legislateurs ont connu le Seigneur
du Ciel, & fait des actions qui du
moins à l'exterieur nous paroissent
tres-édifiantes & tres-religieuses, ne
sont-ce pas des exemples qui peuvent
nous instruire & à la vûë desquels
nous pouvons nous reprocher nôtre
lâcheté ?

On dit de Confucius *qu'il étoit tres
moderé dans ses paroles, qu'il vouloit
qu'on aimât son prochain comme soi-
même, & qu'on parlât toûjours avec
discretion.* Ce sont les maximes qu'il
donnoit à ses disciples. Pourquoy ne
pourrois-je pas proposer ce Philosophe
pour servir d'exemple & d'instruction
aux Chrétiens qui s'abandonnent trop
à leur colere, qui traitent leurs freres
avec emportement, qui se répandent

20 *Eclairciss. sur la denonciation* en injures & en invectives. Le Christianisme ne rejette pas les vertus morales, mais il les consacre & les perperfectionne; il se sert même de la modération des Païens pour condamner les excés des Chrétiens.

Les Saints Peres nous en fournissent des preuves, & Dieu même dans Jeremie ne donne-t-il pas pour exemple à son peuple des Infideles. Passez dit il aux Juifs, passez aux Isles étrangeres : *Transite ad insulas Cethim.... & in Cedar mittite.* Examinez ce que font ces Nations infideles : *& videte.* Considerez-le avec une grande attention : *& considerate vehementer.* Vous verrez qu'ils n'ont jamais quitté leurs faux Dieux, au lieu que mon peuple m'a abandonné. *Si mutavit gens Deos suos & certe ipsi Dii non sunt. Populus vero meus mutavit gloriam suam in Idolum.*

QUATRIÈME PROPOSITION. *La Chine a pratiqué une morale aussi pure que la Religion.* Cet extrait ne paroît pas avoir été fait de bonne foy, il semble par là que j'aie voulu dire que la morale de la Chine a été aussi pure que la *Religion Chrétienne.* Cela est bien éloigné de la verité & de mes sentimens. Je dis dans cet endroit *que les premiers Chinois avoient connû un Dieu Souverain, qu'ils luy ren-doient un culte religieux, & que cette Religion leur venoit de Noé.* Ensuite j'ajoûte *que leur morale parut aussi pure que la Religion,* c'est à dire, *que leur Religion, que la Religion des premiers Chinois,* qui consistoit à connoître Dieu & à luy faire des sa-crifices à peu prés comme faisoient Noé & ses enfans dont ils descen-doient immediatement.

D'ailleurs nous voïons d'excellen-tes maximes de morale pratiquées par les anciens Chinois, & l'on n'en rap-porte aucune qui soit opposée à la rai-son & à la pieté naturelle. Quel incon-venient y a-t-il donc à supposer en hi-storien que la morale des premiers Chinois étoit aussi pure que leur Reli-gion ?

CINQUIE'ME PROPOSITION.

La Chine a eu la foy, l'humilité, le

culte intérieur & extérieur ; le Sacerdoce, les Sacrifices, la Sainteté, les Miracles, l'Esprit de Dieu, & la plus pure charité qui est le caractere & la perfection même de la véritable Religion.

Quand on dénonce une proposition, il faut la prendre toute entiére dans l'Autheur, se servir de ses propres mots & ne pas faire un discours de divers termes dispersez çà & là qu'on assemble de dix endroits differens pour en composer la proposition dénoncée. La droiture, la bonne foy, la verité semblent être blessées quand on en use de la sorte. On ne trouvera ce qu'on me fait dire ici dans aucun de mes livres de la maniére & selon la suite des termes qu'on l'a rapporté. J'ose ajoûter que si on vouloit ainsi ramasser tout ce que les Saints Peres ont dit des Gentils, on en composeroit une proposition qui seroit peu differente de celle qu'on a tirée de divers endroits de mes ouvrages. La voici : *Les Gentils aussi bien que les Juifs ont eu des Prophêtes, des Miracles, la*

Sainteté, & par conséquent l'Esprit
de Dieu, la Charité & les autres vertus surnaturelles qui en sont insépa-
rables. Car nul n'ignore que plusieurs
Peres ont regardé les Sybilles qui
étoient dans la Gentilité, comme des
Vierges à qui Dieu avoit commu-
niqué l'esprit de Prophetie ; que d'autres ont avoüé pour ne pas s'inscrire
en faux contre toutes les histoires
Payennes, quand elles rapportent de
certains miracles, que Dieu a pû en
faire parmy les Païens, non pas pour
autoriser leurs erreurs ; mais pour ré-
compenser leurs vertus morales. Enfin que S. Justin a dit que Socrates,
Heraclyte & d'autres Philosophes
semblables à ces deux-là doivent pas-
ser pour Chrétiens, qu'il les a même
comparez à Abraham, à Ananie, à
Mizaël, à Azarie, à Elie,& que par
conséquent ils ont eu des vertus Chré-
tiennes, surnaturelles & capables de
les rendre agreables à Dieu, comme il
parle ailleurs.

Je ne puis m'empêcher de faire remarquer en passant que les Saints Pe-

*Apol. ad
Anton.*

*Col.cum
Tryph.*

res ont parlé des Sybilles d'une maniere qui doit faire à mes parties autant de peine que leur en fait ce qu'ils
ont trouvé dans mes memoires, s'ils
écoutent la seule delicatesse de leur
conscience & leur seul zéle pour la
pureté de la foy.

Car enfin ces Peres donnent aux
Sybiles une connoissance de l'avenir à
l'égard du Messie même, qui est le
terme de toutes les promesses & de
toutes les figures de l'ancien Testa-
ment, aussi claire & aussi distincte
que celle qu'ont eu les Prophetes.
Qu'on compare avec les Propheties
les vers des Sybilles qu'ils ont citez &
l'on en sera convaincu. Où est donc
l'avantage que les Ecritures donnent
au peuple Juif sur les Gentils, quand
elles disent que ceux-là ont eu le dé-
pôt sacré des Promesses & des Propheties ? Pourquoy ne se recrie-t-on
pas icy ? Les memoires sur la foy desquels les Saints Peres ont parlé des
Sybilles, étoient-ils beaucoup plus di-
gnes de creance que ceux sur lesquels
j'ay dit de la Chine ce qu'on trouve

dans

mes ouvrages. Qu'on consulte là-dessus les Critiques de nos jours. Cette reflexion peut servir à me justifier. Mais voicy quelque chose de plus.

Supposé que l'Empire de la Chine ait été fondé par les enfans ou par les Petits-fils de Noé, il se peut faire fort aisément que dans les commencemens de cet Empire les Chinois aient suivi la Loy de nature & que la tradition qu'ils avoient receuë de leurs Peres y ait subsisté pendant quelque tems. Il n'y a rien en cela ni contre les promesses faites aux Juifs ni contre les principes de la Religion Chrétienne. Alors quel inconvenient y aura-t-il de dire que les premiers Chinois aient crû en Dieu sur la tradition qui s'é-toit conservée dans la famille de Noé? Il n'y avoit point alors d'autre parole de Dieu que celle-là. Et tandis que cette foy a duré dans la Chine, quelle peine peut-on avoir de croire qu'ils ayent adoré le Dieu de leurs Peres, & qu'ils lui ayent rendu un culte inte-

C

2 2. qu 4
t 7.

Demonst
Evang.
Propof 7

T. 4. dist
41. fect. 4

rieur & exterieur? Si S. Thomas enseigne que Dieu a donné quelque connoiffance du Meffie même aux Gentils, quand on fupoferoit que les premiers Chinois en ont eu par le Canal de la même tradition une connoiffance implicite, diroit-on rien de contraire à la foy & aux bonnes mœurs? Un illustre & fçavant Ecrivain, dont l'ouvrage a été approuvé par des Prelats diftinguez, a crû qu'on trouvoit des veftiges de cette connoiffance dans un des livres de leur Philofophe Confucius. En ce cas-là ne peut-on pas croire que quelques-uns d'entre eux ont pû avec la grace de Jesus-Christ aimer Dieu fur toutes chofes, & faire tout ce qui étoit alors neceffaire pour être juftifié & pour fe fauver? Car pourquoi ne pourroit-on pas dire qu'il y avoit parmi eux *de ces adorateurs du vray Dieu qui étoient membres de l'Eglife,* & aufquels le P. Alexandre a recours, pour montrer que *quand même toute la Nation Juive feroit tombée dans l'Idolâtrie, l'Eglife auroit neanmoins fubfifté.*

La difficulté est de sçavoir combien
de tems peut avoir duré cette Religion qui venoit de Noé par Sem. On
peut dire, si l'on veut, que la tradition sur laquelle elle étoit fondée s'é-
tant éteinte peu à peu dans les Chinois, il ne leur resta plus qu'une connoissance naturelle de Dieu, & que
pour l'interêt de l'Etat, à la conser-
vation duquel elle pouvoit beaucoup
contribuer, on eut soin ensuite de la
conserver dans l'esprit des peuples.
De cette sorte il n'y avoit plus de véritable Religion, de foy, de culte, d'a-
mour surnaturel, d'esprit de Dieu, de
miracles, &c. dans le Corps de la Nation, quoique l'on n'y vit point encore d'Idoles comme dans les autres
païs du monde, avec qui les Chinois
n'avoient aucun commerce. Car enfin selon l'Histoire de la Chine la secte
des Idolâtres qui y est aujourd'hui fort
étenduë & en grand crédit, n'y est en-
trée que depuis la naissance de Jesus-
Christ; & il me semble qu'on n'est
nullement en droit de s'inscrire en
faux contre cette histoire sur ce point-

là. Par quelle raison ceux qui l'ont
écrite, se seroient-ils avisez de le dire,
s'ils n'en avoient eu des preuves?
D'ailleurs ne sçait-on pas que le culte
des Idoles ne s'est répandu dans le
monde qu'assez lentement? Les Grecs
n'étoient pas fort éloignez de l'Assy-
rie, où l'idolâtrie a pris naissance,
comme l'on sçait: cependant ils n'ont
commencé à avoir des Idoles que
long-tems après Belus, qui le premier
les a introduites. Eusebe nous l'apprend. Il y a donc bien de l'apparence
que ce culte impie n'est entré que fort
tard à la Chine, elle qui de tout tems
a eu si peu de commerce avec les autres peuples, & entre laquelle & l'As-
syrie sont situées les Indes, où comme
j'ay dit après Eusebe, il y avoit plusieurs milliers d'hommes qui s'étoient
conservez dans la connoissance &
dans le culte d'un seul Dieu.

SIXIE'ME PROPOSITION. *Ensorte*
que de toutes les Nations du monde
celle de la Chine avoit été plus con-
stamment favorisée des graces de
Dieu. Il est vray qu'après avoir suposé

en Historien que la connoissance du
vray Dieu s'est conservée dans les
principaux Docteurs de la Chine durant près de deux mille ans, j'ajoûte
que cet Empire n'a pas sujet de se
plaindre de la Providence, qui l'a en
ce point plus constamment favorisé
que les autres Empires du monde, n'y
en ayant aucun au moins que nous
sçachions, qui ait conservé cette connoissance deux mille ans. Quoiqu'il
soit de ces faits, quand j'ay com-
paré la Nation Chinoise aux autres
Nations, je n'ay pas prétendu donner à cette comparaison toute l'étenduë qu'on luy donne. Et comment
l'aurois-je pû faire ? croit-on que
j'ignore l'avantage que les Juifs ont
eu, & que les Chrétiens ont sur tous
les autres peuples ? Qui accusa-t-on
jamais d'une si ridicule & si grossiere
ignorance ? Je n'ay donc prétendu
comparer en cet endroit les Chinois
qu'avec les autres nations comprises
sous le terme de Gentils, qui depuis
le deluge ayant perdu plutôt qu'eux
la connoissance du vray Dieu, se sont

auffi plutôt qu'eux adonnées au culte des Idoles.

Au reste je n'ay pas crû que tous les termes dont je me suis servy en racontant les choses en Historien, duffent être jamais examinez dans la même rigueur que si j'avois écrit un traité de Theologie. On en doit estre convaincu par les adouciffemens que j'y ay mis, & qu'il est aisé de remarquer: *je ne fçay si j'oserois a ôuter ... il a presque également partagé tous les peup...* Quoy qu'il en soit, &c. Auffi le public les a-t-il pris dans le bon sens, puisque de tant de personnes habiles qui avoient lû les memoires de la Chine, il ne s'en étoit point trouvé jusqu'à present, qui eût témoigné les desaprouver. Cependant s'il étoit necessaire, je passerois condamation sur mes expressions, sans me mettre en peine de les justifier par de semblables, qu'on trouve, soit dans l'Ecriture comme lorsque le Sage dit *que Dieu a également soin de tous;* soit dans les Peres, qui nous disent, *que le Soleil de justice s'est levé pour tous les hommes;*

Sap 6
Hil r &
Ambrof
in Pf 118
Chryf
Hom 7
in Ioan

& que ceux qui ne sont pas éclairez de ses lumieres, ne doivent attribuer leur aveuglement qu'à eux mêmes.

Quand le public lira de sang froid ce que je viens de dire, j'espere qu'il trouvera qu'il y a eu trop de chaleur dans le zele de ceux qui m'ont deferé au S. Siége & à la Sorbonne, & que si la Lettre de Messieurs des Missions étrangeres a fait quelque impression sur les esprits par la maniere vive & vehemente dont elle est écrite; la vérité ne laissera pas d'y trouver assez d'équité pour se faire entendre dans ces éclaircissemens, quoiqu'elle y parle avec simplicité & sans avoir recours à des expressions fortes & capables d'imposer.

Je dois desormais chercher uniquement à la faire connoître, cette verité: fallut-il lui sacrifier ma réputation, je n'hesiterois pas: ma profession m'y engage, & la démarche que je fais en quittant la Cour pour retourner à la Chine, ne me permet pas de m'épargner quand il s'agit de la Religion. Ce n'est pas que je me

flate d'avoir seul ces sentimens, à Dieu
ne plaise! Mais comme il s'agit de
mes propres pensées, & de ce que
j'ay écrit, qui peut mieux sçavoir que
moy ce que j'ay eu en vûë? Dans les
autres choses j'espére que Dieu ré-
pandra une lumiere qui éclairant
l'esprit de tous, les fera entrer dans les
mêmes sentimens, & que la charité,
qui malgré toutes les contestations,
doit être dans les cœurs, paroîtra aux
yeux de tout le monde, par les mar-
ques les plus sensibles d'une amitié
Chrétienne. C'est ce que je prie le
Seigneur de nous accorder, afin que
nous soyons veritablement des enfans
de cette même paix, que nous entre-
prenons de porter aux peuples les
plus éloignez.